Journal du vertige

Bruno COSSON

Journal du vertige

Du même auteur :

Tailleur de rêves

Un roman de Renart

Journal du vertige

Contes décousus

Quatre

© 2025 Bruno COSSON édition revue et augmentée
Édition : BoD · Books on Demand, 31 avenue Saint-Rémy, 57600 Forbach, bod@bod.fr
Impression : Libri Plureos GmbH, Friedensallee 273, 22763 Hamburg (Allemagne)

Illustration : Pastel de l'auteur
ISBN : 978-2-3225-7345-5
Dépôt légal : Février 2025

Brume et silence
Fenêtre ouverte aux horizons brulants

Les chemins du vertige m'apportent ta voix de feu
D'écume
De violence
Et de tendresse
Poésie

Ô regard !

Vertiges

L'homme est l'animal qui se souvient, et pourtant… Des milliards de cellules et pas une pour survivre. Tout est appréciation du danger. Se reproduire, se défendre, se nourrir. Se souvenir.
Des milliards de cellules et pas une pour se souvenir — vraiment. Se souvenir de quoi ? De l'autre, celui qui rassure, celui qui ressemble, celui qui fait peur — va savoir.

Pour hurler discrètement, tu te jettes dans la dérision ou le quotidien, tu rejettes tous les conflits, c'est inscrit dans ta révolte.

Fuir

Ces choses qui s'attachent à toi comme une ombre impassible dont tu fais ton luxe, ta fierté. Ces monstres cloués à tes sens. Ces ogres, je veux dire tout ce qui a fait de l'idée de beauté, de l'idée de repos, des morceaux arbitraires de ta fonction sociale, et que tu n'oublieras jamais, car c'est de toi qu'ils se nourrissent, instruments surannés de ta peur, de tes envies. Quand, gonflé de leurs désirs jusqu'au moindre frisson, tu leur appartiendras et n'auras de répit qu'un sommeil illusoire. Les objets quotidiens dont tu te crois le maitre n'auront plus qu'à frapper sur ta maigre pudeur.

Rien. Et seul avec pour dieu les tristes oripeaux dont tu revêts l'orgueil et les inconséquences.

Rien, désormais. Comme un objet quelconque de cette multitude de soleils plastifiés.

Il me reste de moi des bribes vagabondes. Et j'ai là dans le cœur comme un sombre caveau. Le temps d'être — sans cesse — passé, avenir, sous le regard menteur des secondes qui s'attardent. Elle était belle, bien sûr, et j'avais peur, elle était dans nos verbes comme un souffle précieux, elle était dans nos voix comme un accent fragile, je l'ai perdue un jour, aux confins du hasard, un jour qu'il était temps.

Si j'ai tremblé depuis, c'est qu'il faisait plus froid, si j'ai pleuré depuis, je ne m'en souviens plus, mais j'écrivais des lignes avec application, mais je faisais des rimes avec fascination. Je connaissais le doute, j'appelais la beauté, dans mes vers trébuchants, je la voyais posée. Si je l'avais connue, et si rien qu'une fois, elle m'avait dit je t'aime, je n'aurais pas su dire qui de nous deux rêvait. On la prénomme vivre, et quand elle passera, elle aura dans ses mains deux ou trois fleurs fanées qui n'ont jamais fleuri.
Jamais ?

C'était le temps où mon passé se fabriquait un avenir sur quelques serments d'occasion. C'était le temps de la démesure à partir de tout et de rien. C'était le temps où nos chansons parlaient encore de découverte. En ce temps-là notre pudeur avait des manières de pleurer qui ressemblaient à de l'orgueil. En ce temps-là notre existence ne faisait pas la part du rêve. Assez pour que l'oubli nous ignore, assez pour ne pas recourir à l'urgence des mots ? Je voudrais m'endormir près d'un rêve allumé.

Quand il n'y a plus rien à faire, les rêves deviennent réalité.

> À l'aube il a fumé sa dernière cigarette
> À l'aube ils sont venus lui dire qu'il était temps
> L'absence tremblait déjà quand sonnait l'hallali
> Et le silence quand cessera la litanie
> Quand paraitra le condamné sur la charrette
> Viendra comme une larme sur les joues du printemps
>
> Il a vécu le rêve
> À l'aube il a fumé sa dernière cigarette

Fuir

Travaille
Ne regarde pas derrière
Ne regarde pas devant

Tu portes une émotion, tu la transportes, soupçonné de dépression, de l'avis général[1]. Parcours. Tu vis à l'infinitif, tu vis à petit feu. Il ne reste que tes chaines, tu les mets.

Un avis, c'est déjà une défaite. Il n'y a pas de sourire dans la rue qui passe, d'ailleurs ils n'ont pas d'avis, ils n'ont que des opinions.

---

[1] D'après une étude.

Fuir

J'ai plié mes verbes bien repassés sur la chaise en papier, j'ai jeté mon rire du vingt-septième étage. J'ai gardé un tout petit désir dans mon cœur en otage, un petit rien, une chanson d'été, avant les jours meilleurs. J'ai délié ma vie sur un fil d'illusions, quelques rimes inventées, ailleurs et n'importe où, et ses colères d'outre silence. Quand on se sent bien quelque part, on finit toujours par ennuyer quelqu'un.

Ailleurs ne m'a jamais réellement attiré, pas plus qu'ici, le bonheur n'est qu'un état d'âme. Plus rien ne s'improvise, sauf la vie.

Ailleurs
Étoile filante de l'ennui
Né de ce monde
Et nourri de ce monde

Moi je vis donc hier arpenté par le songe
Charpentier du mensonge et de la liberté
Poser son sac ou prendre un train
C'est toujours l'hiver à ta porte
Je laisse des signes de peur que l'on me reconnaisse

Je veux une mort de circonstance
Je veux une mort sans résistance
Je veux une mort sans préavis
Je veux une mort déconcertante

Je veux mourir au bout du compte
Avoir dépensé sans compter
Charpentier du mensonge et de ma vérité

Ailleurs ? C'est là que j'ai vécu.

Nous nous connaissions comme si nous nous étions défaits, quand la lucidité vous prend, c'est toujours à la gorge.

Avec ces marques aux poignets de mes rêves

Vivre pour gagner sa vie ?

Il ne s'est rien passé. Nous voilà tous assis, peut-être l'avons-nous toujours été, peut-être ne se passera-t-il rien. Peut-être qu'il ne se passera plus rien.

Il ne s'est rien passé. Que notre interprétation toujours renouvelée Des choses et des actions, rien n'a changé que nos regards, que notre traduction des autres et de nous-mêmes. Rien n'a vécu que nos mirages, il ne peut rien nous arriver. Alors pour maitriser sa honte on s'habitue. On se reconnait, on s'adopte, on s'invente une fratrie, une sororité (etc.), mais sans démonstration de la souffrance, la plupart resteront aveugles et sourds.

J'ai refusé de vivre pour gagner ma vie.

Toujours battant de l'aile entre le faire et le dire, plus seul que solitaire, isolé, anonyme. Ravaudant l'avenir sur le fil du passé. Les mains vides et l'âme nue, et le même amour sans fard. La vie est une histoire d'amour, grotesque, merveilleuse — ordinaire. Je choisis tous les soirs un passage déjà lu dans la bibliothèque de mes songes, et je m'endors à la première image, heureux d'avoir menti. À l'intérieur, un tissu indéfinissable de misères de gosses, de chagrins dérisoires. De lacets défaits.

Si je connais un endroit merveilleux que je ne peux atteindre, mais dont je sais l'existence, n'ai-je pas raison de négliger d'autres endroits qui m'attirent moins, et dont la découverte me volerait le temps que je passe à rêver de mon endroit merveilleux ?

Toujours ces marques aux poignets de mes rêves

Cet endroit où l'on se pose seul, face à face. C'est une affaire d'hygiène. J'ai peur de fuir et de combattre les sentinelles de mes nuits qui m'escortent à travers l'ennui. Vont-elles me tenir ou m'abattre ? J'ai peur des mensonges idolâtres et de la fureur et du bruit ; un blues un whisky deux ou quatre, avant que le monde ne s'enfuît, que mon corps glisse au fond du puits, sans un cri sans se débattre.

Le jour s'étire péniblement sur les carreaux brisés, filtrant sans précaution sur les morceaux saillants, comme une main gantée. Quelques rais de lumière alanguis sur le sol, conquérants furtifs de l'espace, le jour pénètre dans la maison solitaire. Entre chaque pierre pourtant, entre chaque meuble, tout est calme, tout s'éveille au-dehors. Empreintes de mille saisons, de mille soleils, reflets sur les volets penchants. Tout gémit sur la terre à l'horizon brulé, rien dans le ciel, l'absence éblouissante. Rien qu'un songe…

Un songe d'espoir et de bonheur. Sa couleur déchirée sur l'herbe claire. Et l'utopie s'attarde. Comme un manteau de perles bleues. Secret linceul. Le chuchotement du vent sur les feuillages, peuple d'illusions, chaque recoin tremblé, chaque chose qui vit, l'univers entier glisse entre mes mains comme s'il n'était qu'un refuge pour mes pensées. J'écoute et j'attends.

Le passé a surgi, hésitant, une vie entière enveloppée d'un regard, si proche qu'il te semble pouvoir lui parler. Mais tu n'oses parler, tu n'oses bouger. Et tu regardes aux nues la beauté éternelle et fragile.

Provence.
Peut-être la Fée Esterelle, peut-être que c'est-elle ? Peut-être un chien perdu qui court dans la garrigue, peut-être un marcassin, peut-être des violettes entre les pierres des restanques, ou des coquelicots. On allait ramasser des pignes ouvertes, espérant quelques pignons oubliés par les écureuils. Ici il fait dimanche plusieurs fois par semaine. Balades dans la pinède ou sous les chênes verts, au fil des saisons nouées, on rêvera de morilles, on trouvera des sanguins des asperges sauvages,

on volera des cerises. Peut-être une fée nue, perle du petit matin, promeneuse inconnue lorsque la nuit s'éteint.

**

Lâcher les mots sans rien omettre, je suis las, perdu. Les sourires de galas, les souvenirs de galère, malheurs de carnaval, joyeux colifichets. Savoir de quoi j'ai l'air lorsque je t'attends là. La tête en l'air.
J'aurais voulu te dire des gros mots, et bien pire, mais voilà des gros mots je n'en connais pas beaucoup. Des mots assez crachés pour noyer ton empire, des mots bien affutés comme des crocs à ton cou, qui disent le mal de la solitude infernale, d'un amour qui fait la malle, des promesses de peau de balle. Des enfants de banlieues, des tempêtes dans les yeux, des insultes des cris de haines à briser toutes les chaines de la vie au trépas. Mais des gros mots je n'en sais pas.

Et puis soudain j'ai retrouvé
Au fond de la bouteille du temps perdu
Les mots tout nus
Dans les jeux d'aventure
Tous les mots du futur
Que j'avais inventé
Les mots d'amour lacérés
Les mots du temps dépecé
Et le dernier mot qui s'est posé
En attendant que tu reviennes
Pardon

**

Enfin ne rien faire et le faire par soi-même, je ne fais rien, on a tort de penser que je préfèrerais faire autre chose, au bout du compte je n'aime que les gens, la musique et la poésie des gens, tout le reste n'est qu'une danse. Au bout du compte il y a des mots, il y a l'ivresse des mots, on ne peut pas laisser les mots conduire dans cet état-là.

Au bout du compte ta part est infinie, elle n'a pas de limite et pas plus d'achève-
ment. Toi seul connais ta part. Ta mélancolie.

Cigarette.
Le temps souffle dans ce cœur scintillant s'engouffre
Le vent soyeux colporte dans ses bras des tourments braise
La mort s'exhibe dans ce gouffre
Hélas qu'arrive-t-il à ces reflets naïfs ?
Quelques notes enlacées à des rancœurs de brume
Quelques notes dans la psyché d'une valse amère lente et brune
Quelques notes s'étirent sur l'arceau langoureux
Solitaires aux tempêtes bleues et moires
Entremêlées et soulent
Où la fumée violente se love et roule

Le silence farouche
J'ai rêvé dans sa bouche
Cacher les mots qui frappent
Me pendre à leurs cous et serrer
Avec des mensonges acérés
Ce que dit le ciel au vertige
Ce que dit la terre au printemps
Ce que dit le feu à l'amour
Ce que dit la mer au souvenir
Ce que dit l'ivresse à la fleur

Je veux danser dans tes rêves

**

Je suis métis de mes désirs, j'ai le sang rouge de la colère et le sang
bleu des désirs et des enfants. Ici, l'exil n'a plus de signification, la
terre n'a pas de pierre assez dure pour briser la mémoire de l'homme,
sa quête de pouvoir. La vie colle à mes souliers, le poids des rires
volés, décousus. Qui vivre ? Lanciner. Danser ma vie sur terre. Je re-
viendrai battre mon cœur au ciel d'orage, danser aux nuits d'ivresses.

Le désespoir, c'est peut-être savoir que l'on se trompe et ne pas savoir mieux faire, se réchauffer en silence au feu de la vie des autres. Souviens-toi ce cœur mal assuré qui trébuchait parfois sur des morceaux de tendre. Et je vivais ainsi de mémoire indocile, pleurant ce qu'il restait de mon désarroi. Je voyais quelque part une ombre déchirée ressemblant à mon rêve. Un cortège de rires, comme un regard défait dans le feu d'une erreur, d'un regret l'amertume qui s'attarde parfois — souvent. Et je fuyais ainsi au hasard d'une rime, avec en bandoulière quelque maigre refrain.

Le corps ramassé entier étendu, dévalant les montagnes russes de la nuit, sans appui, où les parallèles de l'esprit se rejoignent enfin. Descendre, les membres un peu plus courts le corps plus lourd couler, reprendre inconscience, recouvrer liberté ; provisoire, possible.

Trois vœux.
Et puis, au sommet de la nuit du sixième jour, juste avant l'invention de la solitude. Parfois j'attends qu'elle renaisse de mes cendres, avec des rires de pluie battante ; parfois j'attends qu'elle me blesse, quitte à prendre toutes les flèches d'Atalante dans les nuits de mes toisons d'or.

Toujours ces marques aux poignets de mes rêves

Il faisait un temps de chien, un temps à ne pas mettre un souvenir dehors. Le printemps ne passe qu'une fois près du port, il nous entraine au gré des larmes et des sourires, dans sa traine des anneaux d'or et le fil insolent des années mortes. À d'autres saisons, les vagues de nos soupirs inutiles.

Il faisait un temps de chien, qui est venu frapper, frapper frapper à notre porte. Les regrets éternels au revoir à bientôt, les mots sont chers, est-ce que les mots d'hier t'accompagnent ? Est-ce que l'enfer, c'est être libre ? Il faisait un temps de chien, fidèle et sans arme. Tu as posé ta main sur mon épaule, un jour ou l'autre on existait, avec nos vies entrelacées, décousues, loin du monde. Il faisait un temps de chien, désarmé, perdu. Lorsque tu es parti.

Nous étions deux amis, entrés dans la danse, au nord des compromis, par inadvertance. Je ne valais pas ta peine. Personne ici ou là, personne ne saura combien, combien je t'aimais. Je ne valais pas ta peine. Puisque tout nous sera reproché, nos défaites et nos victoires, nos absences et nos retours. Quelqu'un voudra nous pardonner, pardonner c'est le dernier jugement, les fautes mises en avant, la fourberie auréolée.

Et nous voilà dans la vraie vie, la vie qui pique la vie qui suinte, celle qui se moque de nos plaintes. La vie qui rit de nos tendresses, qui ne pardonne pas nos faiblesses. La vie qui rode en barricade, qui efface nos camarades, éteint nos feux de joie. C'est un amour à cloche-pied, un amour qui ne dit pas ton nom. La moitié serait déjà l'horizon.

La poésie.
C'est l'endroit où je suis le plus sincère, où je dis exactement ce que ma pudeur autorise, ce que mon orgueil supporte, ce que ma tendresse exige — je m'égare. Si je fais danser les mots, si j'écris, ce n'est pas pour me cacher ni pour embellir. C'est pour me ressembler.
Au début était le rire, liberté physique, individuelle, un don. Un moment d'amour, à quoi ça ressemble ? Un instant sans préméditation, au-delà du monde, sans défense et sans masque, un moment d'abandon, un vertige, une ivresse naturelle. Un appel au secours. Un cadeau.
Ça peut ressembler à la liberté.

Vagabondage à travers l'écho d'un mauvais rôle. Je me souviens, cette vie déjà vécue qui signifie mon abandon. Cent mille occasions de vaciller, de renoncer. On s'accoude à des rires, pour partager cette vie qui ne nous appartient pas. Les mains vides et l'âme nue, silence et solitude. Concevoir la nuit comme une liberté. Et pour tracer d'un mot, d'un geste, une ligne de vie sans faille et sans revers, je choisis le silence, et ses regards lointains. Seule la rivière comprend que si peu de gens soient désespérés.
Courir toujours plus vite, courir vers l'éphémère, plus loin dans le concret. Pour s'habituer. Les ailes du silence enveloppent l'espace et des regards s'inscrivent découverts de sanglots. Les ailes du silence,

la folie qui s'attarde sur un soleil en transe, bousculé par mégarde. Devant cette ombre étrange où l'absence se noue, quand le cœur a vieilli du poids de mon exil. Le cœur à la traine pour quelques notes sans accord qui lentement s'égrènent où mes larmes cherchent un port.
Je suis ta vie, prends-moi, je suis ton silence et ta voix. Parle-moi !

La façade est polie, ils se dérangeront peut-être bardés d'incertitudes, au soir de mes cent ans, ils viendront pour cueillir les ombres du présent. Serais-je à leur côté au soir de mes mille ans. Si la façade est rouillée, un soleil négligé éclabousse les rues, le temps s'il doit passer, passera. Étonné égaré perdu, l'espoir s'il doit passer, passera. Au coin d'un feu éteint l'amour s'il doit passer, manquera.

Je ne veux pas de confiance
Je ne veux pas que l'on m'attende
Je veux surprendre
Je veux ton rire surpris

J'aime les plantes et les fruits défendus, je ramasse des fleurs multicolores, je ramasse des cœurs sans foi ni port, avec mon atome crochu, dans la ville nucléaire où je zone interdite.
J'aime les plantes et les fruits défendus, je ramasse des fleurs.
Et des racines multicolores.

Les astres, les astres silencieux tu les as fait parler.

La poésie.
Dans ce temple où la beauté est de rigueur ou la rigueur est douce, pardonnez-moi si j'ai parfois dans mes sourires comme un écueil, sans savoir te nommer, j'essaie de te parler, ou de parler de toi. Comprendre enfin ce cri dont les psychés sont vaines, les reflets dérisoires. Il est si tard je n'ose que l'aimer, que trembler de la perdre, que bruler de l'attendre. Mais qu'un homme sur terre se lève et lui ressemble, ami, quand nos mains finiront par se tendre vraiment, vers ailleurs qui n'est plus qu'une ombre trop précise. Quand nos regards perdus

auront trouvé leur port, quand l'absence épuisée sera morte sans bruit. Ami, j'aurai ton rêve à deux doigts de mon cœur, car un feu quelque part nous attend qui espère.

Les astres, les astres silencieux tu les as fait chanter.

Il est si tard pourtant, je n'ose que mes larmes, pardonnez-moi si j'ai parfois dans mes refrains comme un écueil.
Les astres, les astres silencieux je les ai fait pleurer.

N'être qu'un souvenir ; comme s'il y avait dans le fond de ma tête un oiseau migrateur qui cherche quel pays abritera ses ailes. Je n'ose plus douter de la folie qui traine. Il faudrait que je sorte de cet habit de mascarade qui me porte depuis trop longtemps.
Mais ma vie n'est pas un poème, alors je penche et j'essuie.

Goriot[2] attendant ses filles sur son lit de mort, Fantine marchant seule dans la boue, ce n'est pas indifférent. Admirable en tout ? Comme le voulait Baudelaire.
Saluer Dionysos[3], Dieu du vin et du théâtre. Donner et recevoir, croiser les instants magiques que l'on ne saura jamais raconter, économiser les démonstrations.
Il y a les fous et les sages, pour nous raconter des histoires, des parures de princesses, et ceux qui tirent la chevillette. La liberté, être libre, inventer des mots de sauvetage.

Depuis, je rêve toujours d'un rêve, un mensonge, une promesse. Au-delà des limites, une sorte d'humanité.

Je prends le coin
De la rue
Une vie entière ça ne s'apprend pas par cœur

---

[2] Si l'on n'a pas lu Balzac, Hugo et Baudelaire, on peut passer ce petit paragraphe sans inconvénients ni contrariétés.
[3] En l'absence de Dionysos, cela fonctionne quand même.

Qui a jeté la pierre qui a brisé nos cœurs
Je prends mes larmes à mon cou
Et je prends l'air
De rien
Qui a jeté la première pierre ?
Elle a brisé mon cœur

Toujours ces marques aux poignets de mes rêves

L'habitude parfois à des reflets sereins, on se retrouve par hasard plus calme plus absent — la solitude parfois.
Je suis ton âme ton reflet, ton ombre sereine et tourmentée.
Un cahier libre neuf sans rides sans passion — des pages offertes que l'on feuillète pour se bercer. Des pages blanches soumises et douces, d'où s'exhalent l'ivresse et la candeur, qui susurrent « Habite-moi ». Blanches et fragiles pour épouser les vagues d'une plume incertaine. Pénètre-moi, emplis-moi de tes souvenirs, de tes peurs, de ta tendresse, de ta violence.

J'ai travaillé, les avantages sont nombreux, les compensations. Vivre parmi les hommes et s'il reste des instants pour contempler simplement le monde autour, la beauté du monde. On peut toujours vendre son âme pour un café crème à Port-Grimaud. Malgré les jours qui s'enchainent et se déchainent, pour l'éloigner de tout. Le cœur ouvert au lever du soleil, devant l'horizon plat et sans fin.
Ô dormir, au réveil, les embruns, la plage.

Ni Socrate, ni Jésus, ni Mahomet n'ont écrit une ligne, et Gothama ? On fait pourtant grand cas de leurs paroles rapportées. Quant aux joyeux anonymes qui perpétuèrent tant d'œuvres, *Les mille et une nuits*, *Le Roman de Renart* ? Il y a un avenir pour les mécréants aussi. Ni Jésus ni Mahomet ne se sont trompés, ils ont été rattrapés, dupés par le marketing.

Tu es celui qui dira, je ne souhaite pas te connaitre.
Qui dira les faiblesses sidérées
Qui brisera les abus narcissiques

Les harcèlements pervers, l'oppression
Le pouvoir, la nature humaine
Ceux qui empêchent.
Ce qui empêche.
Pétrifié, sidéré, médusé, stupéfié, abasourdi, asphyxié
Suffoquant.

Je sais des pays blancs qui nous attendent
Je sais des pays blancs
Où nos voix se confondent

L'encre de la folie, perle noire des tourments sillonnés sur le drap d'une étoile du couchant. L'encre de cette nuit, princesse de la brume, apaisant de ces bras nos combats d'amertume, et de silence, de solitude ou de désespérance.

La lune, méduse lourde aux souvenirs latents, dévêtue de soie blonde, ouvre des lèvres bleues, trace de pâles reflets. J'ai vécu le silence de quelques années mortes.

Il y a des mots, il y a des anneaux, il y a des légendes. Quelqu'un les pose quelqu'un les prends. J'ai mon anneau, une légende lovée qui sourd de l'absence. Et la vie peut danser.

**

C'est touchant le noir et blanc, quand on peut entendre son chant.

Et puis te voilà en noir et blanc, toi qui n'aimes que les couleurs et les chansons du soleil.

Tous les deux sur la même route, on va cuisiner un gigot en croute, avec toutes les odeurs que tu m'as apprises, avec tous ces parfums, belle aventure.

Et puis… On ira sur la plage, on va faire un mur avec du sable, en récitant nos tables tous les deux, on va heurter nos compromis mes lâchetés, l'éducation et la morale.

Gare au gorille !

Et puis… Tu vas m'aimer quand même.

Ne t'inquiète pas ça va aller, je suis content de te revoir, moi aussi. Le noir et blanc te va pas bien, ne t'inquiète pas je ne vais pas pleurer, je suis seulement un peu perdu, égaré sur le chemin, moi aussi.
C'est touchant le noir et blanc, quand on peut entendre son chant.
C'est touchant le noir et blanc, c'est tout débarbouillé.
Il ne reste que la beauté.

**

Soleil fol éclaté, recherchant une source, je suis la nostalgie et parfois l'espérance. Naguère le vent, jadis est couleur de fable, les rêves y sont trahis et défaits de leur gloire. Naguère le temps vainqueur, je fuyais dans un rêve, je fuyais le pays où tremble ma mémoire.

Dehors, la brume et le vent dans l'or de l'automne et les feuilles tombées dont mes pas se souviennent. Dehors, la terre s'abandonne à ces bruits que j'aimais. Dans la romance de la jeunesse, perdu parmi les secrets mal tenus, les promesses. Je ne reconnais rien. Je reste égaré. Et le cœur à la traine, pour quelques notes sans accord, qui lentement s'égrènent, où mes larmes cherchent un port.

J'attends toujours, j'attends la nouvelle vie et je croise partout des regards étonnés. Je ne ressemble à rien de commun, rien d'appris et je vois mes regrets se défaire devant d'autres regrets, et j'en veux à la vie de devenir ma vie. J'attends toujours, j'attends la nouvelle vie et je croise partout des regards lapidaires. La vanité du monde.

Sur la grève brisée qui m'appelle ?
C'est la mer je sais bien que c'est elle
C'est la mer de mes trêves jadis
L'océan d'où refluent les mensonges
Le trésor inventé de mes songes
Cette voix c'est la mer où je glisse

Cette voix qui renait de mémoire
C'est le cri que portait ma jeunesse
C'est le cri que j'appelais tendresse
C'est la peur dont j'ai délié les moires

Je ne suis sur le sol à mes pieds chancelant
Je ne suis sous le vent qui effeuille la nuit
Je ne suis que le feu d'un brasier évanoui
Je ne suis que la source d'un rêve étincelant
Je suis né sur la grève d'une enfance trop brève
À peine sortie d'un rêve sans sourires et sans trêve

Tu vois j'immole ma raison
Au vent léger d'un vieux poète
À tous les dieux du panthéon
Au passant qui parfois s'arrête

Une rencontre.
C'est un endroit détaché de tout sans tache, c'est un sourire au bord
des yeux qui s'évapore, c'est fixer sur les choses une ombre différente,
un trait de vie. À cet endroit précis où tu n'as plus la force d'un men-
songe, dans une nuit sans loi, loin de toi, où tu laisses se battre et se
débattre des soupirs sans mémoire, des remords incertains. Je t'at-
tends dans un siècle humide où mes désirs ne sècheront jamais. Alors
un corps à cœur, un cœur à corps perdu. Chercher, chercher toujours,
quelque chose qui soit presque là, presque beau, presque vrai, ligoté
à nos larmes de joie.

En mon cœur fou ce parfum âcre
La lune a des reflets de nacre

Triste sous la pluie lumière bleue et fluette irréelle
Regards étranges ruine de l'âme illusion sourde et cruelle
Dernière image attrait désuet et brume intense
Mélancolie et lassitude sourire voilé fade inconstance
Pâleur diaphane charme maussade langueur errante
Illusion tremblée lancinante
Colliers déliés ondée torpeur oubli
Gestes baignés de feu silence appris
Rumeur désuète odeurs de la nuit
Incertaine pure et lente sur les arêtes de l'ennui
Sanglots cachés pleurs étouffés

Au crépuscule

**

Dans la vallée un chien pleurait
Jusqu'à la lie sur quelques coroles pourpres
Un soleil courbé buvait la solitude
Sur les coteaux brisés fuyant devant le songe
Le jour avait pâli
À l'horizon où s'endormait la clarté veule
Drapée dans la pénombre d'or
Où j'errais seul

Dans un monde indécis. Il y a dans ma solitude un espace incertain où j'ai fait place à mes chansons qui n'ont jamais pu vivre ailleurs. La solitude s'étend à mes pieds, et son ombre fidèle se grave lentement, s'installant au profond de cette absence que le temps m'a laissée de tes bras. J'ai brulé les sarments et les pensées coupables de m'avoir assailli, tant de soirs, tant de nuits, où seul et loin de tout, je m'habituais à me survivre, à travers la lumière étroite d'une lampe.

Oubliant sur son passage tout ce qui est derrière lui, au jour le lende-main venu, perdu par orgueil, par paresse, une musique au cœur. So-litaire, heureux, désespéré, trébuchant sur des morceaux de rires. Le même amour sans fard, et ce temps bercé qui nous fait tant de bien.

Les livres.
La bibliothèque de guingois, j'aime le désordre penché. Sur la table de chevet, il y a deux piles de bouquins sur la table de chevet et quelques cartons dans l'armoire à linge, d'ailleurs c'est un placard. Écrire encore, écrire avant que l'encre sèche qui m'imprègne le cœur ne soit décolorée par une vie qui tache les plus beaux rêves, tâche de les réaliser pour moi. Le meilleur de moi pour accompagner ces pauvres mots. Balises sur le chemin, que voir ici ? Qui m'appelle à la vie ? Comment te partager ? Solitude. Poésie… Les saisons s'enla-cent, tapis changeant, sur les planches de mon pays. Ce pays où par-fois quelques oiseaux moqueurs cherchent la fin du ciel à l'orée du mépris.

Toujours ces marques aux poignets de mes rêves

Au cœur de la nuit, le nom des choses accrochées à tes lèvres. À re-garder de trop près, tout s'estompe. Pourquoi trahir mes rêves, pour-quoi les empiler dans un tiroir sans fond, pourquoi jeter la clé ? Maigres illusions d'un rêveur qui se croyait poète.

Dans les yeux des passants le soleil qui passait, épanchait sa blessure. Vivre à d'autres regards, à d'autres mains tendues, à d'autres solitudes. Vagabond. J'imaginerai des mots délivrés pour tendre à l'amour des promesses de vie. Vos boniments et vos certitudes n'ont jamais su me plaire, jamais je ne saurais me plaire en vos manières. J'ai irrésis-tiblement envie d'écrire, d'écrire, quelque chose qui soit neuf et par-fois n'importe quoi. Dans l'ombre mauve où glisse la folie. Le vent qui souffle dehors, qui se déchire et s'évanouit contre les murs, n'est pas plus libre que moi.

Quel désespoir ? Le cafard se complaît dans ta solitude, dans le silence terne de ta chambre, il s'y engloutit, s'y vautre sans délicatesse, il est chez lui, s'étend, se prélasse, il s'examine et se trouve beau. Immensément grand et beau. La petite boule noire qui sous-loue ton cerveau s'est dilatée dans la pièce, une brume décompressée qui enveloppe le bureau, le lit, les livres. Une brume légère caressant la fumée de ta cigarette. Tu baignes dans cette mélancolie parfois sans même y prendre garde.

Avec un brasier lent je peindrais l'incroyable.
Avec le temps perdu j'oublierais de signer.
Avec le temps qui passe je ne me reconnaitrais pas.
La lumière de nos cités me paraissait trop vive.
Je rêvais voilà tout.

Tu sors, vagabondant tes illusions sur le quai de la nuit, sans ticket, sans bagage. Tu déambules avec un morceau de ciel en bandoulière. Psyché vaine. Ton cœur bat l'amble sous le tain.

Je me souviens
Je me souviens d'une rue de banlieue
D'une véranda d'un air particulier
D'une couverture étendue dans l'herbe
Et de la tarte au chocolat
Je me souviens des grands chapeaux des dames
De l'odeur du tabac à pipe des tricots de peau bleus
Des groseilles sous la rosée
Je me souviens de coco plage dont il ne reste que le nom
D'une traction avant d'un baiser volé
Je me souviens des noisettes gaulées

Quand le temps se balance et vient blanchir mes mains, et s'empare de mes mains comme d'un hiver la neige. Quand devant la candeur d'une rime incertaine, il me semble soudain que le rêve a vécu ; que son charme au lointain éclabousse la nuit ; qu'il ne reste de moi qu'un écho tourmenté, devant l'ombre d'un soir où quelque chose manque.

Le gémissement de l'encre, des rimes, des verbes et du silence, un bouquet insensé, à la sueur de la nuit. Radeau incontrôlé, voilier sans foi ni port, poésie, fruit obscur, ange ou démon, je t'aime.

J'ai rêvé ce que j'ai vécu.
Quelques vers abandonnés greffés sur un cahier de classe. Le désir amputé sans médaille à ses revers. L'eau, le vent, le feu : partir. Ailleurs est autre part, inaccessible, insurmontable, étoile filante de l'ennui.

Oh !

Toutes ces institutions qui me paraissaient surannées, toutes ces conventions précises et pimpantes auxquelles je n'ai pas su m'attacher. Poser ces larmes contre le flot glacé, acéré, implacable. Recueillir la marée. Comme un reflet. Comme un souvenir distrait sur un cœur apaisé.

L'araignée du silence, quand elle sort de sa torpeur, s'appliquant à chercher des rides aux souvenirs. À combler les combles.
Oripeaux de mon passé. Je me réfugie dans un instant de beauté, dans une image, un livre, une musique, un silence — j'écoute la folie passer.

Depuis que d'une légende, tu as perdu la croix, et que dans ton sommeil tu poursuis le calvaire sur les chemins sans foi où la mer se hasarde, avec dans ses cheveux une étoile, une étoile, où tes yeux sont rivés, où tes yeux sont cloués. Mais païen inconstant, inutile mendiant, un reflet cousu à tes larmes, comme une perle, comme un aveu.

Au fard une étoile trop pâle, où ton cœur est cloué, où s'amuse un enfant que tu n'as pas connu. Cet enfant qui ressemble à des baies de groseilles, et comme un chat craintif et curieux, qui n'ose pas le cœur de sa tendresse. Désormais tous les mots ont bercé ton exil, tous les mots usurpés pour quelques rimes.

J'ignore où meurt le temps. Dans un palais dans un taudis, de marbre ou d'oripeaux, j'écrirais les mêmes mots. Je sais comment le rêve nait, comment les phrases surgissent et s'alignent et tombent en vain. Comment l'espoir reste pareil au désespoir, ange qui veille. Ne me demande pas pourquoi.

Ce n'était rien que ce rire qui me poursuivait.

**

Ici même dans le rire l'imparfait s'achemine
Ici on rêve encore en souvenir de l'an dix mille
Ici nos souvenirs ont la mémoire cruelle
De ceux que leurs vingt ans prenaient pour des rebelles
Ici quand la raison a bouffé tout le ciel
Ici quand la journée a donné tout son fiel
On appareille encore on s'émerveille encore
Ici on chante encore quand la musique s'est tue
Ici vois-tu c'est le cœur qui domine

**

Quand on arrive à la gare d'essorage, on se retrouve très vite dans le parc de ceux que l'on nomme Sénior, dans la rangée des cumulards (sénior, sans diplômes à bouts dorés, et panélisé candidat au soutien psychologique). Le profil type du sénior urbain est celui d'une vache à fric. Celui qui ne remplit pas les conditions encombre les statistiques à la marge, la marge est élargie dans les cités modernes pour faciliter la visibilité. Si sénior, profil bas !

LE NEZ EN L'AIR

Sur le bureau la plage blanche
Un vers sans pied à moitié vide
J'avais pourtant visé dimanche
Tous les mots ont pris leur jeudi

Où donc ont-ils bien pu partir ?
Bercer leurs idées de conquêtes
Je n'aurais pas dû les retenir
Les mots que j'avais dans la tête

Les mots perdus
Les mots tout nus
Qui voyagent sans colère
Sur la page
Le nez en l'air

Aucun métro jusqu'au bistrot
Au coin de la rue de la douleur
Pour tout vous dire ils tremblaient trop
Les mots que j'avais dans le cœur

À travers la ville agitée
Je les ai retrouvés pardi
Au moment où tu m'as quitté
Les mots que je ne t'ai pas dits

DEMAIN

Demain

J'arrête de regarder la nuit dans le blanc des yeux
J'arrête de fumer de boire qui dit mieux ?
Je regarde la télé je souris à droite je souris à gauche
Je joue au loto plus fort — j'y crois !

Je regarde plus les filles dans les seins
J'aime les histoires de famille et les comptes à rebours
Je ne penche plus ma vie
Sur des échos de cœurs d'alarmes
Sur des dérives de bord de drame

Je mettrais des cravates des savates de bal
J'achèterais des fringues d'apparat
Je prendrais une carte d'électeur
Je serais directeur — pas mal !

J'aurais de la conversation
Sans émotion j'aurais un avis avisé
Sur le sens de la vie je n'aurais plus d'envie

Je n'aurais plus que moi
Pour faire encore trembler mes rires
Sur les échos
D'un cœur d'alarme

Demain

BIENTÔT

Bientôt c'est quand ?

Quand libre sera un mot comme les autres. Quand liberté cessera de vouloir dire combat.
Bientôt, c'est un drôle de moment, juste après la peur, juste après l'habitude, juste après la paresse. C'est la porte du désir et de l'humilité. Bientôt, c'est un drôle de pays que l'on connait sans le connaitre. Quelqu'un nous porte là. En attendant de reprendre force ou de perdre la mémoire, ou d'être envahi bientôt…

Joue !

Parce qu'il y a une porte aux frontières du mensonge, qui nous supporte, qui nous berce. Parce que tout est là, que rien ne s'y oppose et tout l'empêche. Parce qu'il existe des frontières qu'aucune vérité ne franchit.
Mais la tendresse ?

Joue, joue !

Mille couleurs de la musique, un café une cigarette, un refrain qui s'attache à nos rêves. Et nos rêves secrets, nos refuges. J'ai vécu comme un sanglot quand tout pleurait, le silence n'a pas d'arme. Le temps perdu jeux de chiens fous, la pudeur a trop bu, nos rires désespérés frappent encore dans mes nuits.
À des heures tempêtes, à des heures violentes, un reflet solitaire à l'illusion errante. À la folie sereine, compagnons de chimères. Un asile, un regard gris achève les tourments. Mille saveurs de la musique. Un café. Une cigarette.

Joue, joue, joue !

LES GRANDS HOMMES

J'avais un pote qui se targuait de pouvoir survivre s'il se retrouvait isolé dans la nature sauvage, prêt à réinventer les pièges, la chasse, la pêche, le grimper de liane, en parfaite autonomie, disait-il en soufflant sur les braises du barbecue. (Pour finir, nous avons emprunté le chalumeau d'un voisin.) Il se voyait découvrant l'eau courante, la roue, le feu, et toutes ces choses merveilleuses, il se prenait pour un couteau suisse. Bravo.
Bravo Tarzan, lui ai-je dit, et sans Jane ?
J'attends encore sa réponse, les merguez viraient à l'ébène foncée.
Moi, sans Jane, je continuerais à écrire des poèmes, pour que Jane revienne.

**

Nous sommes arrivés par la navette sol-sol aux quatre étoiles, visite des locaux, la musique était mauvaise, une compilation de mantras du groupe légendaire Einreicheinfûhrer, aucun livre dans la salle commune ; le stage s'annonçait dense. Ils nous ont prêté des vêtements boudins verts assez confortables et des chaussures lourdes, mais valorisantes, et puis ils nous ont attribué des numéros personnels ; je crois qu'ils craignaient de ne pas se souvenir des prénoms, en revanche ils connaissaient les tables d'additions à la baguette. Sur nos vestes, on pouvait scotcher des post-it plus ou moins règlementaires, mais brillants. Le garant à demi-galon nous a fourni des fusils de l'avant-dernière dernière guerre, des fusils de sots, disaient-ils (sous réserve). La leçon de tenue de fusil fut assez complexe, je ne savais pas par quel bout le prendre, heureusement, il y avait une bandoulière. Plus tard, exercices de transpiration, ma plus grande réussite ! La promiscuité et l'oppression créent des liens de solidarité fragiles et violents. Après la phase d'immersion (de noyade pour moi) nous fûmes présentés au serre-joint majeur. J'ai voulu lui serrer la main, lui donner l'accolade, ils m'avaient dit « l'armée, c'est la famille ! » Le fusil est tombé, je me suis retrouvé encerclé par les grands bras du demi-galon, tatoué recto verso. J'ai eu le temps de reconnaitre une idole

surcotée — Napoléon One ou Alexandre Legrand, je ne sais plus. Le demi-outré m'a expliqué avec conviction qu'en fait, il fallait se présenter tout droit en hurlant son matricule. Tout droit, les bras collés au corps — avec les mains moites, ça colle tout seul — et le menton en avant, un peu plus compliqué avec le soleil dans les yeux et la terre qui ne s'arrête pas de tourner.
— Présentez-vous !
Ils ne m'entendaient pas, alors ils m'ont posé au bout du bâtiment et se sont postés de l'autre côté, one, tou, tri !
— Présentez-vous !
Assez ému par tant d'attention, j'ai tenté un cri à l'octave, poliment, mais je n'ai entendu que leurs rires surpris et méprisants.
— Présentez-vous !
Ils n'ont pas réussi à me faire hausser la voix… ça a duré longtemps, moi, je ne savais pas dire non.
Je ne savais pas dire non, de là à se mettre à genoux, hurler avec les cons, il y a une marge.
Ils ont fini par se lasser.

**

Il y avait une fois un professeur de français, atrabilaire tendance misanthrope, qui cultivait son style décoiffé, ses postures, ses accessoires — cartable avachi, pardessus froissé, le tout assumé jusqu'à sa voiture séculaire et pétaradante. Le ridicule, si avidement détecté par les élèves de toutes générations, n'avait aucune prise sur lui. Il SAVAIT, il faisait partie de l'élite des sachants, dédaignant saupoudrer de génie nos ignorances crasses (avec sa nonchalance anticonformiste de parade). Il aurait tout aussi bien pu fonder une secte, être prêcheur ou gourou ; on ne guérit pas de l'imitation. Malgré ces incontestables prédispositions, ce grand homme n'a pas réussi à m'éloigner du bonheur de lire et d'écrire — pas trop longtemps, assez pour qu'il m'en reste un gout amer et révolté.
Un gout amer et révolté. Le gout amer et révolté qui me dévaste lorsque je croise un grand homme.

******

À l'âge de la pierre ramassée, un homme jetait des pierres dans l'eau
pour leur apprendre la nage, et le rebond. Il en jetait aussi dans le
ciel. Pour voir.

Une pierre atteignit un poisson et l'homme vit que cela était bon.
Une autre pierre tua un oiseau et l'homme vit que cela était bon.
Un autre jour, pour les beaux yeux d'une riche déesse, j'ose à peine
l'écrire, un homme utilisa la pierre contre un autre homme, on ap-
pela ce combat guerre.
Et l'homme vit que cela était bon — mais dangereux quand même !

Si bien que dans certaines régions, la guerre fut interdite.
Alors, avec mélancolie, l'homme sans guerre part à la chasse.

******

C'était dans la sombritude d'un jour porose.
La pluie passait à travers les gouttes.
La terre glissait à travers les bosses, de l'autre côté.
Il n'y avait plus qu'une mer étanche, noire et profonde, ou peut-être
bleue, mais profonde quand même.
Personne ne partagea la mer.
Personne ne construisit d'arche.
Personne ne sonna le glas.
Qu'est-ce que tu crois ?

Personne ne ressuscita (selon une étude).
Et c'est tout.

******

C'était le jour où Sitting Bull et Buffalo Bill sont allés sur la Lune,
pour planter un bison. On en parle peu, mais c'était un grand pas
vers le méchoui.

**

En ce temps-là, le monde avait des convictions, plusieurs. Le
monde des humains, des femmes, des hommes... et des enfants.
Certains croyaient que quelqu'un, il était une fois, avait créé toutes
les belles choses de ses propres mains, en faisant bien attention que
tout soit joli et beau. Évidemment, il fallut plusieurs jours pour réa-
liser ce miracle, avec toutes ces couleurs et ces formes charmantes,
beaucoup en rêvent encore. C'est ce qu'ils disent, c'est ce qu'ils
prient. C'est ce qu'elles prient.

Oh ! Tous ces hommes si bons, si chaleureux, si forts.
Oh ! Toutes ces femmes si dociles, si serviables, si disponibles,
émerveillées par les grands hommes.
Oh ! Tous ces enfants sans défense.

Un sentiment d'abandon

Qui es-tu ?

— Je rêvais.
Où vas-tu ?
— Je rêvais.
Que fais-tu ?
— Je rêvais.
Que veux-tu ?
— Je rêvais.

C'est tellement petit chez moi.

Tu sors,
Tu regardes la nuit qui t'ignore, déjà la nuit, il n'est pas tard.
La nuit qui te protège…
La nuit ne cache rien, mais elle ne dévisage pas.

Tu sors,
À l'angle de la nuit,
Dans la marge des libertés qui s'endorment.

J'ai vu la terre bruler
Et le ciel sans escorte
J'ai vu mon âge reculer
Poussé par la cohorte
Des jours et des années

Et l'amour faner

Tu marches,
Un bar va fermer, le patron suspend les volets.
Bleus. Provence.

Tu sors,
Tu regardes la nuit.
Bleue. Provence.

Tu marches,
Tu regardes la ville.
Tu es descendu de ta vie.

En marche, happé, poussé, presque volontairement, entre le sentiment de
corvée et celui du devoir accompli. C'était un peu après une guerre, il fait toujours
entre-deux-guerres quelque part sur terre.

« J'allais à l'école des filles et des garçons, je veux dire qu'il y avait d'un côté l'école et la cour des filles, de l'autre… l'école et la cour des garçons. C'est là que tout a recommencé, la vie. La kermesse de l'école réunissait les filles et les garçons. Les filles sentaient bon, je suis tombé amoureux instantanément, de la première qui a souri. De la vie. Les filles portaient des jupes, nous aussi — en kilt pour le spectacle, je suis tombé amoureux et muet en même temps. Et puis tout s'est enchainé, j'ai commencé à écrire, je ne savais pas qu'il était trop tard. À cette époque, pour moi, prendre la parole était déjà un acte de bravoure. J'ai eu des amies, je me demande encore ce qui pouvait les attirer, mon côté caméléon lunaire peut-être, va savoir ? »

Tu marches,
La nuit en écharpe, à la poursuite d'un hasard, même pas, d'une coïncidence.
Tu te complais, tu te complains.

Tu marches dans l'absence, repoussant le prochain instant. Une cigarette, une autre, culture américaine, gout américain, tarif américain. Spleen français.

Finalement tu vas rentrer, même la gare est fermée, dans la rue un oiseau, dans les griffes d'un chat, encore une journée à tuer pour finir le weekend. Tu écriras quelques lignes, tu parleras d'iles…

« Les souvenirs c'est drôle, jaillissant, sépia. L'adolescence, les poches pleines de révoltes fardées, après… La plupart d'entre nous se mirent à travailler pour vivre, à nourrir nos verbes des idées stagnantes dans la mare du miroir aux alouettes sans tête, au mieux-disant. Il faut beaucoup de talent pour justifier cela, appartenir. Je n'ai plus que moi ici, tout est fade, fade, ce n'est même pas une saveur, autant dire sans gout. Il reste les larmes, c'est bon, c'est salé. »

Tu rentres.
Chez toi.
Environ.
Peinard.

Tu ne fais rien, les gens ont tort de penser que tu préfèrerais faire autre chose. Menteur. Tu écris, il y a tellement de choses que tu peux faire, que tu vas faire, tellement d'envies, dès maintenant. Une priorité : contempler.

Extérieur jardin vague, tu es assez fier de ton jardin vague, malgré l'absence douloureuse de coquelicots. Tu mets un cd, mid-seventies, dans la platine préhistorique.

La vie a de ces bonheurs latéraux, lumineux !

Catégorie légendes urbaines ? Plutôt serial rêveur... Il y a des questions auxquelles on ne peut pas répondre, simplement.

Cela ne fait rien, la vie a parfois de ces bonheurs latéraux.

Tes enfants, déjà si grands. Le bonheur c'est du vol, c'est du chagrin qui se repose, disait Ferré, tu profites du repos, toi qui as appelé tes filles bébé jusqu'à ce qu'elles atteignent quatorze ans et ce regard insistant qui dit qu'on passe à l'heure d'hiver !

Après moi le déluge.

Tu as regardé, hagard, désemparé, la tempête, ta tempête, la dilution des proches, ceux que tu croyais proches, l'inutilité, la page tournée, les méprises, l'ouragan. Longtemps.

After me comes the flood.

« J'ai parcouru les Maures et l'Estérel, marché à travers la garrigue, couru sous la pinède qui s'étend par endroits jusqu'à la côte. J'ai rêvé à l'ombre des chênes-lièges, grandi près des chemins bordés de vignes et d'oliviers. Senteurs de Provence — une enfance aux fines herbes. Grimper aux arbres pour attraper des poignées de cerises, des arbouses, des pignons, chercher des asperges sauvages, des sanguins. Maman m'apprenait les fleurs et les saisons. J'ai oublié le nom des fleurs, elle aussi. Et puis, elle a TOUT oublié. »

Doux rêveur ! Rôdeur de mémoire, cette timidité (tu dis lucidité.) qu'on prend pour de l'orgueil — chandail de la peur. Tu fais partie de ceux qui payent comptant, qui ne possèdent qu'une carte bancaire et qui commandent sur le Web en serrant les fesses. Tu reprends ton monologue de proximité avec Jack Daniels.

Réveille-toi !

« Premier poème volé aux ruisseaux de Provence, pour une offrande. Première danse, les yeux fermés. Première amourette au sommet de Notre-Dame des Anges. Première balade au lac à mobylette. Chemises ouvertes. Et plus tard, tous les bleus solaires des Alpilles au Luberon… »

> Je voudrais mourir en retard
> Et me nourrir de tous les feux
> Dans les couloirs du purgatoire
>
> Comme Ophélie dans l'onde bleue
> Et blanche de l'oubli
> Et sentir tes lèvres posées
> Sur l'illusion de mes baisers

Nous étions mardi, ou quelque chose d'approchant, à cette heure tardive de la nuit où le jour piaffe d'impatience. Dernière chanson sur la platine. Et puis, je me suis endormi quelques heures.

Elle dormait.
Elle ne portait rien d'autre qu'un léger duvet sur le mont de Vénus et sa longue chevelure qui ne couvrait qu'une épaule, le souffle du sommeil berçait doucement ses seins, brunes pointes dressées, elle ne pouvait vraiment rien contre le réchauffement de ta planète. Les courbes fuyantes de ses hanches, les dunes gracieuses, les ombres glissant sur la soie de ses jambes jusqu'à ses pieds cambrés dans la

fraicheur de l'aube, dans la clarté légère où j'entendais quelqu'un mur-
murer tant de vers voluptueux des Fleurs du Mal.
Je t'imagine sous la douche, derrière le rideau transparent noyé de
vapeur d'un mauvais polar. J'ai dégoté une bouteille de Côte-Rôtie
homérique dans ma cave de mauvaise fortune, je décante, j'évente, je
souris. Et puis le doute, spaghettis bolognaise ? Pour inaugurer les
sept bonheurs capiteux.
Et tous les rêves que j'avais sur le bout de ta langue.

*Tant d'occasions, de circonstances que tu n'as pas saisies, par excès de pru-
dence, pour ne pas déranger. Tu t'en sors avec quelques divorces, quelques égare-
ments, continuant à lutter contre la peur du vide, à ta manière, en provoquant le
vide autour de toi.*

*Cette douleur qui te revient de loin, entre le gout du lait tiède et le ricochet
des coups reçus, entre atavisme et déterminisme. Pas moyen de combattre, à part
la dérision, en attendant l'authentique paradis terrestre. Tu as gagné une vie,
combien de temps l'offre est-elle valable ? La naissance te condamne à mort, mais
tu ne sais rien de toi, tout est encore possible. Le hasard a ses fruits et les années
ne sont pas indifférentes, pour les fruits, pour la cueillette. Sous le poids des jours
que la nuit ne console jamais tout à fait.*

*Tes parents s'endormaient chaque soir main dans la main. Maman riait
souvent, elle attrapait tous les rires de passages, elle dansait avec ; elle ne riait pas
toujours, la pudeur a ses larmes, elle chantait les chansons anciennes de Mouloudji
ou de Piaf, des trucs à pleurer debout — tu as pleuré. À fleur de peau. Tu connais
par cœur toutes les chansons de ta mère, ce sont tes chansons, il n'y a pas un
chewing-gum dedans, maman n'a jamais critiqué les chansons des autres, elle
croyait que le parti rendrait les choses meilleures pour les gens, tous les gens, elle y
croyait. Elle était déjà loin devant « un jour tu verras... » Tout s'en va, toujours,
trahison ?*

*Tu crois qu'ils sont partis comme ça, main dans la main. Tu sais que ce
n'est pas vrai, et alors ? Ton père est parti devant, en reconnaissance. Maintenant
tu es ton propre père et maman habite la peau usée d'un vieux chagrin du temps.*

Tu es ta mère et ton père.

Tant de chemins partagés, de gâteaux du dimanche, le temps s'avance, il presse le pas, il veut le premier rôle ! Qu'importe, aujourd'hui, demain… Je serai là, de loin en loin, mais toujours à portée de cœur. Dans notre vie réelle bordée de légendes, tissée d'océan et de musiques, et d'amour. Je serai là, toujours à portée de cœur.

Cacher sa peine. J'ai perdu celle qui me tenait la main
Dernière sortie avant l'autoroute, si ce n'est pas ma route ?
Quoi dire ? À ceux qui s'excusent trois fois sans demander pardon, nous ne sommes pas de la même nichée — à jamais — J'ai tout traversé sans espoir ni doute, je suis la main tendue, le bras d'une inconnue, l'idée d'un port, et dans le vertige de mes jours et de mes nuits, tu es passée. Dans le vertige de mes jours passés et dans le monde où tu vis maintenant, tu oublieras mon nom. Je suis un mot un mot perdu, un mot qui ne danse plus. Toi qui bordais le désordre de mon enfance.

J'avais l'âge où l'on croit que l'amour est une façon de vivre
J'ai toujours eu cet âge-là.

Il y a deux sentiments que Spinoza n'a pas traités, le sentiment d'invasion et le sentiment d'abandon. L'invasion, c'est parler sport ou bricolage avec quelqu'un, parce que tu ressembles. Tu n'as pas de conversation. L'abandon, c'est quand les mecs discutent avec les mecs et que les filles discutent sans toi. Entre les deux, aux marches de la déréliction, c'est là que tu vis, tu as trop de différences.

Il parait qu'un dieu, de retour de voyage, racontait à ses serpillères que lorsqu'elles partiraient, toutes sèches — plus rien à essorer — avant de mourir, elles verraient un instant défiler toute leur vie, le bien et le mal, juste un instant. Je n'ai rien contre les serpillères, ce sont les aspirateurs qui me sidèrent, les prosélytes. Il y a eu Lilith, plusieurs Lilith — succédanés ? Mais Lilith est partie, avec ses rires, sans me rendre mon amour. On peut vivre des années à côté de quelqu'un sans le connaitre, un ami, un voisin, un parent. Les faux-semblants peuvent tomber dans l'oubli sucré, laissant la place à des futurs très doux, très rares, et parfois, pour un choix dérisoire, à des rancœurs féroces.

La déprime, comme un instant qui n'en finit pas, c'est mourir à temps complet. Il me restait mes amis pour irriguer mon cœur ; parfois, il faut se démettre, se remettre, s'en remettre à quelqu'un qui regarde l'univers d'égal à égal, et tient dans ses bras musclés sa vie d'ange désabusé, et ma pomme. Mes amis, on se voit de loin en loin, sur les rives de quelque chose de beau qui nous obsède, certains soirs...

Un endroit sobre, un endroit où l'écho te renvoie et te maintient. Libre, humain ; où le silence est poli, presque tendre.

Le matin au réveil, heureux, *tu trouves ça normal.*

Je reconnais le matin, je ne sais pas à quoi, peut-être parce qu'il est debout, parce qu'on entend des voix, l'écho des voix qui se réveillent. On se réveille, c'est souvent le matin, certains muscles le savent, le corps le sait, même si l'on a peu dormi. Parfois je m'attends à autre chose, alors que mon corps nuageux se fraye un chemin dans la lumière du jour, le même chemin. Quoi, procrastiner ? Au réveil, penser avec délice à toutes ces choses que l'on pourra remettre au lendemain, penser avec dédain à toutes celles que dès le lendemain l'on pourra remettre à plus tard.

C'était une goutte d'eau
En voyage
Regardant le paysage
Et la rime

Une goutte d'eau sans frime
Déshabillée de tout

Une goutte d'eau fragile
Et pourtant rebelle
Comme la crainte est rebelle
Dans les nuits sans étoiles

Comme la peur est vorace
Qui cherche à s'insinuer
Goutte à goutte

C'était une goutte d'eau sans ailes
Qui aimait les ritournelles
Les fleurs bleues des poètes

C'était une goutte d'eau salée
Et j'ai eu de la peine
À l'avaler

C'était un peu après minuit.

Quand elle est apparue, avec son sourire mauve, acéré, avec son regard émeraude ciselé. Sa chevelure immense, bleue peut-être, descendait jusqu'à l'aube de ses reins. Je sentais la chaleur de ses lèvres sur les joues dorées de mon rêve. Dehors, la lune devait être pleine de légendes anciennes, de murmures de louves.

Un frisson glacé dans le dos, un tremblement, et puis la braise nue. Elle avait des jambes longues, les rêves ont toujours les jambes longues. Ses seins lourds ondulants, ses grandes aréoles, camaïeu brun, dansaient en effleurant mes doigts et venaient se blottir doucement. J'étais allongé dans un frisson, et la part fébrile de mon corps, elle s'en empara. J'ai senti sa bouche m'envahir en même temps qu'une douce chaleur. Je voyais, dans une clarté divine, le corps de la féline, son ventre soyeux s'approcher de mes caresses et la toison fine dans la lumière noire, démons et merveilles. J'ai vu la rose s'épanouir, j'ai vu s'ouvrir les pétales carmin, couverts de rosée, j'ai bu les perles tièdes. Luxure et beauté.

Après la rivière, elle a retourné son sourire incendiaire, murmuré quelque chose dans les flammes de l'enfer qui dévoraient mon âme, s'est agenouillée sur moi, ange du paradis, se balançant en m'encerclant tendrement. Je sentais mon corps et mon cœur prêts à exploser, affolés, heureux. Ô retenir l'instant, tendu en elle longtemps, attendu. J'entendais, j'avalais ses soupirs cambrés. Et puis la nuit s'est déchirée, lumineuse, partagée. Elle s'est endormie près de moi, ne s'est pas envolée.

Il y avait une grande place dans ma vie, après minuit.

Sur le chemin qui mène à vous
N'avez-vous pas croisé mon cœur ?
Sur les sentiers de déraison
Il se promène sans rendez-vous
Et votre rire doux et moqueur
A changé le cours des saisons

Tous ces mots entremêlés. Tu cherches un amour éternel.

Tous ces mots inventés, l'angoisse de la précarité. Tous les degrés de l'amour, mais c'est encore mon amour. L'amour, c'est personnel.
Alors les grandes invasions
Des mots venus de partout
Et de plus loin encore
Pour dire la beauté et la tendresse
Et le désarroi

Et puis s'embrasser, en moins de temps qu'il ne faut pour le dire, car dire les choses c'est aussi perdre la tendresse, la tendresse n'a pas besoin de mots, elle manque parfois de temps, se réfugiant dans son propre souvenir. À l'image de cette personne qui te manque terriblement alors qu'elle est à côté de toi, à cause des choses que l'on n'ose pas dire, doutant de la confusion. Effacer, gommer, réécrire, sourire du palimpseste. Pour une vie en dilettante, se contenter de peu semble assez prudent, se souvenir des parfums du mot liberté. Le sens de la vie, un projet esthétique, une élégance — liberté d'artiste. Le seul crédo, la musique et les mots. Je voulais de la musique, des livres et de la poésie. Un lieu où *moi* serait à l'abri.
Ce serait là, dans la boule d'une rencontre isolée du temps, simplement ce serait là, à côté. Loin des vagues, des remous de vivre. Après tellement de tentatives, sous l'escorte de la paresse, comment aboutir ? On voudrait s'arrêter là, laisser couler les larmes refoulées, tout laisser couler, rivières et torrents, épancher. Les larmes ravalées, les mains tendues — vers quel penchant ?

— Que se passe-t-il la nuit ? Maman, que se passe-t-il si on ne dort
pas ?
— On est fatigué.
— Quoi, c'est tout, ce n'est que ça la nuit ?

Tous les fruits de l'hiver engourdis dans tes yeux
Tu marches dans mes pas avec mélancolie
Devant l'ombre imprécise où s'étire la folie
Et tu poses tes mains sur mon front déjà vieux

Un soleil décousu qui s'évade du ciel sur des radeaux perdus et qui tourne crinière aux secrets endormis. Il ne s'est rien passé, nous voilà tous assis peut-être l'avons-nous toujours été. Il ne s'est rien passé que notre interprétation, toujours renouvelée, rien n'a changé que nos regards, que notre traduction des autres et de nous-même.
Rien n'a vécu que nos mensonges. Ce n'est pas rien c'est autre chose, nous sommes si près du sol que nous ne pouvons même plus tomber.

Tu nous tiens tu nous suis
Et puis
Tu nous relèves
Tu sais
Tous nos colifichets
Tous nos retards

Nos vérités provisoires nos trottoirs d'attente
Et dans le fond de nos cœurs
Ces passeports immaculés

Les mots viennent tous du même endroit, des ténèbres, ils ont d'abord été serrés à la gorge, ceux qui réchappent sont-ils les meilleurs ?

Tu subis tes émotions, tu les caches, tu ne crois pas que l'on puisse cacher ses sentiments, à peine peut-on les déguiser, les mettre en scène. Les cacher, c'est se tromper soi-même.
Peut-être as-tu rêvé ces choses, dérivé rêvé.

Lire, bien sûr, lire, tout lire mais on oublie beaucoup, peu à peu le souvenir de l'émotion remplace l'instant passé avec les mots les phrases, le sens. Lire est une occupation, mais relire ! Quand on n'a pas pris le temps de lire en prenant des notes, il reste le bonheur ultime de relire et retrouver enfin le plaisir Proustien de la mélancolie apprivoisée. Rebelle aux réseaux, évitant de s'épancher. Puisqu'il faudra des mots pour raconter la beauté. Un amour consommé est un amour qui meurt, dans l'aveuglement lumineux de l'amour. La passion et l'amour, le feu et la cendre.

Qu'est-ce qui affirme le mieux le caractère des gens, leurs sentiments, leurs émotions, leurs désirs peut-être ? Tropismes.
À part des anecdotes, des mouvements, des embryons de choix, certains degrés de volonté, leurs actes manqués, l'idée qu'ils se font de leurs actes manqués, leurs amitiés ; la fin de leurs amitiés, par inadvertance, par lassitude.
Et ce que l'on n'a pas soupçonné d'abord, leur peine. La peine et la joie, le désir, d'où naissent les émotions. Mettre ses mains un peu partout, dans tous les endroits où les mains se promènent, à la recherche.

Quelqu'un qui s'intéresse encore à la poésie ne peut pas être tout à fait normal. C'est réconfortant, on peut se tutoyer.

Qui sait le poids de l'homme qui ne sait pas ? Ses pas sur les feuilles tombées. Les arbres impassibles. Cette allée ouverte, cheminant dans l'hiver où le soleil se jette — et l'homme qui ne sait pas. Je l'entends, j'entends son souffle, je sais qu'il est là, il revient, rien ne bouge, il revient du centre de la terre.
On croirait la Provence, j'entends son souffle, je sais qu'il est là, il revient, rien ne bouge. On croirait, si ce n'était cette plaine où rien ne culmine à l'horizon, si ce n'était ce bruit, ces gens encravatés. S'il ne manquait la saveur des pinèdes, s'il ne manquait l'idée du vent salé, le chant des cigales, l'odeur du soir qui prend son temps.

J'avais un drapeau rose, avec épines, après les échardes le drapeau est devenu bleu.
Et puis j'ai déchiré le drapeau bleu, celui qui m'a volé le ciel, celui qui m'a volé la mer, celui qui m'a volé.
Et puis j'ai mis le drapeau rouge à lessiver, le drapeau en colère, avec le drapeau blanc, qui sait que je t'attends.
Et puis le drapeau noir, qui danse avec le désespoir, qui dit pourtant : Peut-être ?
J'aimerais mourir avant de mourir, avec mon écharpe bleue, d'un bleu si rouge ; pour m'entrainer, pour faire semblant, pour ajouter des légendes.
Et puis, après, j'aimerais vivre.
J'ai toujours aimé ça !

Je ne prends pas ses lignes au hasard c'est le hasard qui me les rend au diable les virgules 15 ans collection Gallimard poésie poètes d'aujourd'hui Seghers.

Tu n'es jamais venu au bout de ces collections le quotidien a tiré dessus à boulets rouge...

Certains jours de pluie, rien ne résiste à la mélancolie.

Elle avait cette manière d'ouvrir doucement la bouche, la lèvre inférieure légèrement en retrait, de passer la langue lentement sur ses lèvres avec un sourire d'ange, et, dois-je le dire ? ce sourire ingénu, son ventre sous ma joue, chercher ses seins comme au début du monde...
J'ai longtemps exploré son corps, au bord des yeux, à cœur tremblé. Du bout des doigts, caresser ses lèvres... On peut rester figé, comme ces petits animaux éblouis sous les phares.

Certains jours de pluie, rien ne résiste à la mélancolie.

À moins d'extrapoler un sentiment de champignon. C'est sur le chemin de l'école, ou du lycée, dans la cour, ce sont les perles ruisselantes, glissant sur les joues ; plus tard, on ne sort plus la tête nue, on évite les gouttes. Les enfants n'évitent pas la pluie, même après la pluie, il reste les flaques. On rentre trempé jusqu'aux genoux, les chaussures boueuses.

Certains jours de pluie.

Un jour que je m'étais perdu dans la forêt des songes
J'avais plié mon courage à demain
Je me suis égaré à travers le temps volé au hasard
Dans le bois les feuilles étaient tombées
J'ai vu le monde, il penchait

J'aime la lumière
Des vieilles pierres
Les cœurs qui battent la chamade
Je dis merci pour la balade

Tu cherches un endroit, dans le delta du bien et du mal, un reste d'innocence — inculte.

Tu vois ta tête contre les murs où Éluard aurait écrit « Liberté ».

Tu regardes l'envers, métis de ces désirs où se balance, lié délayé, ce discours à la deuxième personne.

Tu écris quelque chose, pour ne pas avoir à parler, pour duper les évidences, une hypothèse de vie et de mœurs, toutes les hypothèses se valent.

Tu écris quelque chose, pour survivre aux bombardements publicitaires. Tombé nez à nez avec une part de sagesse ou de bêtise — malencontre.

Tes enfants te rattachent à l'humanité, à l'avenir. Comment regarder en face, d'homme à vertige, ce monde où tu as fait naitre un monde. Tu reprends ce stylo à crampe, passé l'hivernage.

Tu tresses des guirlandes de mots désuets aux multiples facettes. Les mots ne veulent rien dire, c'est toi qui parles. Les mots veulent danser, dessiner. Un mot c'est le début d'un dessin.

Tu laisses les choses prendre ta voie, tu laisses les gens prendre ta voix.

Tu vois l'espace rétrécir, caché dans un miroir d'attente. Dans un roman quelconque où les flics citent Shakespeare — voire Dante — maigre et stupide caution à la littérature. Culture d'économie mixte, culture privatisée, rock'n'roll, Marylin…

Help ! Tu n'es pas recyclable !

Au bord de la conscience, un sommeil dérangé. Elle jouait et pour la première fois, tu entendais toutes les notes. Tu sentais cela, un truc hors de portée, un parfum, tu pouvais sentir son parfum dans les notes.

J'ai traversé le désert sans joie où naissent les adultes. Naitre, et puis très vite, l'autre naissance, celle de l'obstacle, de la conscience.
Je croyais qu'elles aimaient mes élans, mes abattements, ma mélancolie, la beauté, la poésie, ce qu'elles aiment, c'est la vie. J'ai peu de dons pour la vie, le quotidien est une charge, je remplis la fonction, plutôt bien, mais après — souffler respirer.

Perdu dans l'immensité du matelas, flagellé par les draps, tu cours au hasard dans les méandres de l'obscurité à la recherche d'un rêve, même un rêve d'occasion, même un rêve hors d'âge, les jambes fléchies le dos vouté. Quelque chose d'authentique, cet enfant qui continue à pousser dans ton ventre et qui ne pourra pas s'en sortir.

Comme Roquentin[4], entre un sentiment d'aventure et un moment parfait, découvrant un sens au mot exister. Dans l'immense trafic d'âmes des siècles, et cette idée de l'homme, et cette idée que l'homme se fait de lui-même, empruntée à d'autres. Une tranche de vie dans la salle des pas perdus… Un corps étranger seul dans la nuit, un corps est toujours étranger, seule dans la nuit, le visage d'Audrey Hepburn, tendresse limpide. Il y a ce souvenir, parfois, je te vois parfaitement. À peine trois pas dans la vie et déjà, pour le reflet d'un amour inventé, tomber dans la futilité des choses. Combien vaut un diamant dans une mine de diamant ? Je n'habite pas dans une mine de diamant. L'inutilité prend possession de tant d'actes, de tant de volontés remises en cause insidieusement. Je me débats avec une dose de sincérité native, au-delà du seuil de tolérance, qui te pousse à mentir pour conserver la face ou le profil, pour ne pas perdre pied, risquer les chicanes, l'abandon, au mieux l'indifférence. Je ne veux pas d'une vie droite, je veux pencher ma vie, je veux une vie d'arbre penché et de cheveux au vent.
Aux quatre vents.

---

[4] Jean-Paul Sartre, *La nausée.*

« Monsieur, j'ai douté de vous
— Souvent ?
— Je doute encore. »

Vivre à deux, c'est déjà vivre à moitié.

Ô le frisson de sa peau contre la tienne, mythique. Tu venais de comprendre ce qu'Hugo voulait dire par pieds charmants. Tous tes sens te rappellent le sel de sa peau, la couleur de sa peau, la douceur de sa peau, le murmure de sa peau, la chanson de sa peau. À cet endroit précis du clavier, il n'y a qu'L.

Quand je pense à la mort (j'ai des occupations fantaisistes), je me dis que la vie est précieuse. Dans un grenier dans une cave, la grande malle aux souvenirs, l'étoffe délavée et dans tes yeux les arbres et la rivière. Deus ex machina.

Avec tous ses bonheurs partagés et trop d'absents pour les souvenirs, l'angoisse ressemble à une méduse lente — je ne sais pas à quoi ressemble une méduse lente, mais ça fait peur — j'ai tellement menti pour être avec vous dans cette solitude, je ne sais même plus si c'était moi, confondant mes désirs avec les ombres de la réalité. Je voulais prendre ma part parmi les autres, leur dire, mais tout s'efface et c'est l'orgueil qui prétend — que pourrait-il faire d'autre ? — sauver l'humilité, mais c'est la peur qui voudrait accoucher de l'humanité.

Ô fuir enfin la folie et la peur, les aimer parfois. Les mots de toutes les craintes, et les espoirs. L'absence, l'immobilité qui s'empare des choses et de l'âme.

Je ne sais pas ce que disent les légendes orientales, à part le danger éternel et la honte, et la destinée. Être sauvé par un fakir, par un génie, par une histoire racontée en échange de sa vie. Des fables, des contes…

Tu cultives l'art du mensonge, ce délice oriental. Paraitre inoffensif, convaincu. Pour ne pas provoquer l'émotion des masses, la haine.
Tu voudrais être un conteur oriental, ou l'idée d'un conteur.

Tu pourras dire c'est inutile
Tout est perdu tout est futile
Tu le diras !

Assez régulièrement, le jour commence, et parfois tout est à refaire, tout est remis en jeu, et même si tu ne possèdes rien, ton fil de vie, tes repères, un nouveau jour, un nouveau monde — mais pas le monde dont tu rêvais. Tu ne veux pas d'un monde qui commence, pas plus d'un monde finissant, où tu auras trop chaud ou trop froid, où toujours sera hors de portée. Avec tous ces gens qui voudront te mettre dans une case, reconnaissable, te mettre dans leur case, peut-être.

Et tu n'as jamais pu devenir cette nuit que tu aimais tant...

Il y a toujours quelque chose à régler, le plus souvent une facture, un courrier, une visite, une réparation. Une attente parfois, un remboursement, une étape. Et c'est ce carcan social qui te protège, il y a quelque chose à faire en attendant, même après l'âge des conquêtes, des preuves à produire, ce qui donne leurs saveurs aux instants volés. Tu t'obstines à avancer sur la marge, avancer quand même ? Chaque fois que tu trébuches, c'est ailleurs. Tu rêves d'ailleurs ! Se surpasser, côtoyer l'impossible.

Le lien et l'entrave : ce qui nous lie nous attache.

Seul dans les grandes clairières de l'inutile où se confondent le verbe et le silence. Cette vie simple et tranquille comme une ile inconnue dans la marge des grandes postures. Comment se remettre, s'en remettre au ciel désert, la place vide où je ne m'assieds pas.

Personne n'aime la poésie au point de risquer sa vie, sa vie matérielle. Les mots vous abandonnent. Un mot de trop, une euphorie, une défaite. Comment te plaire sans trébucher ?

Tu marches

Les villes sont des couloirs, sans objectifs, où les pas se posent, où le regard se pose. Marcher sans traverser, sans franchir. Garder les yeux ouverts, au cas où quelque chose serait réel. Au-delà du pont, au-delà de l'abime.

Vous êtes assis là depuis longtemps ? Avant, j'étais debout, et puis il y a eu les crampes. Les enfants naissent libres et égaux en droits. À quel endroit ? Le premier appel, c'est un appel au secours, à l'aide, c'est là que commence la rencontre. Je prétends prolonger le monde de mon étonnement, retrouver l'étonnement premier, suis-je un enfant, à quel endroit ?

Parler.

De quoi, de la grande horloge, de l'horloger, du droit des uns, du pouvoir des autres ? Vous êtes le philosophe ? Vous êtes celui qui ne sait rien et qui prétend me l'enseigner ! Je suis celui que j'ai trouvé. Les droits de l'homme, qui donc en convaincra l'homme ? Il arrive un moment où l'on connait tous les mots, les mots de la vraie vie, de l'endroit où l'on vit, et uniquement ceux-là, attachés aux expressions aux coutumes locales… Et le lexique de la famille, de l'entreprise, de la fonction, des médias. Si peu de mots. Quoi faire, marcher pieds nus ? Que dalle, que dalle. Les pieds nus sur la dalle. Un chien, assis au clair de lune est-il sentimental ? L'humanité, qui donc en convaincra… Vous êtes assis là depuis longtemps ?

Les idées viennent à l'aube, à l'adolescence peut-être ?
À l'âge où les professeurs sans humour n'avaient plus aucune chance de nous intéresser, parfois même de prétendre au silence, parfois même de compter sur notre présence aux cours, à cet âge-là, où la vie explose encore de rires et de formules toutes faites en signe de reconnaissance. À l'âge où l'on ne sait pas encore que toutes les lumières sont déjà éteintes, que très peu s'engageront vraiment, que la plupart se résoudront à attraper à l'aveuglette des miettes de chance, des parcelles de bonheur, nostalgiques d'un sac de rires à partager.
De qui se moque-t-on ? Du plus grand nombre, des faibles et des puissants, de nous-mêmes sans l'avouer. À l'âge où quelqu'un ne te dit pas : « Tu vas payer pour tes erreurs ! Tu vas payer très cher pour ta désinvolture, les décolletés des copines et l'illusion poétique. »

Tu n'appelles personne, tu ne sais pas appeler.

Tendre la main, comment tendre la main sans risque, au bord du possible, fragile, sans attendre en retour — tu rêves. Pour épargner la solitude, pour le repos, pour la confiance. Avant l'incompatible.

Ô simplement la voir nue
Belle et légère comme une courbe.
Et ne pas fermer les yeux.

Les seins posés dans la lumière et ce léger mouvement des épaules rondes et pleines qui se resserrent pour s'y blottir. Et toutes ces fleurs qui l'ont trouvée très belle.

La joie d'être dans l'eau et la joie de regarder l'eau, jubilation et sérénité. Splendeur au milieu de la terre et du ciel. Étendue, toute vêtue de voyelles. Sa beauté d'ombre et de lumière, radieuse et profonde, il semblait toujours qu'elle se baignait, qu'elle dansait. Caresser ses joues. Et la marée de ses corps où s'élancent et se noient la verge et l'écume. Les hommes devant les soleils couchants. L'âme et le cœur, et son chant.

J'ai tellement rêvé, taillé les rêves à mes désirs, affuté le silence. J'ai tellement rêvé que je ne sais plus si j'ai rêvé. On ne lit plus, on laisse les villes grandir, sans mesure.

Si je t'écris ces quelques mots de lune vagabonde, c'est qu'un sourire s'est posé ce soir, pas très loin, à l'orée du crépuscule de Provence, j'ai cru t'apercevoir. J'ai cru, c'est un peu fou, entre chien et loup, qu'un chemin connu nous tendait la main. Je l'ai vu, c'est un peu fou. Mais si nous marchions un moment, sur ce chemin-là, ce serait ton tour de me tenir la main. Les arbres, oui. J'avais cette sorte de complicité avec un chêne. Les arbres ? Tu avais dix-sept ans, des tilleuls verts sur la promenade, sourire, et moi, j'étais pressé par une idée de liberté, je voulais atteindre, tout atteindre, et j'ai tout laissé, avec la liberté. Je suis content d'avoir de tes nouvelles, de loup à chien. J'ai fait la route, tu disais « C'est toujours la route des autres. »

On pourrait prendre un café, sans regarder la glace du comptoir, sans faire les comptes. Les chansons et la poésie étaient nos fils de vie, notre pays. Nous avons dit adieu, à quelques chimères lasses, à un rêve de gosses.

Nous sommes les parts étranges d'un enfant perdu, qui se retourne vers son avenir, étonné d'être là, sous le fard, cherchant un sens au mot maintenant.

Tu marches,
Sous l'amertume, répéter ce que chacun sait, avec assurance, avec détermination, prendre la parole et revivre ou vivre simplement, **bruler.**

Marcher.

Tu marches,
La peur au ventre
Tu marches.

Il y a tellement de bonheur, tellement d'accords de guitares, que tu redoutes que tout s'arrête, qu'on te demande tes papiers, ton Gencod, avant la fin de la chanson.

Elle était belle comme l'aventure, comme l'insouciance.
Comme peut l'être une promesse.
Rencontrée sur une plage bordée d'oubli et de palmiers.
Elle était provisoire. Elle le savait, pas toi.

Misère de l'homme le plus fier, celui qui allume le feu, qui revient de la chasse, de la pêche, Robinson, celui qui allume le barbecue.

Un grand penseur ? Un grand penseur est mort ? Comment faire autrement, un grand penseur est mort en échec, on lui accordera au mieux l'intuition, les prémices d'une révolution.

Dans une ferme normande, j'étais amoureux d'une horloge conteuse, une horloge à pendule, celle de Pagnol ? Celle de Nougaro ? Celle de mes grands-parents.

Ô, un seul sourire et l'amour se lève d'entre les morts, à quelques heures d'un passé qui ne finira pas.

> *Ce que tu nommes étoile, à défaut de le croire, tu peux l'écrire.*
> *Tu peux croire être poète.*

Là, dans cet espace entre nos corps vivants, où toutes les tendresses s'entrechoquent, malhabiles, provisoires et parfois élégantes.

TA VIE SECRÈTE

Ta vie secrète quelque chose d'enfantin
Si bien caché danse derrière le tain
Dans les regards bordés d'ombres discrètes
Un livre ancien qu'on récite ou feuillette
Jusqu'à la nuit de la nuit au matin

Tu rêves encore que des fées des lutins
Entourent de leurs sourires mutins
Cette chanson que fredonne distraite
Ta vie secrète

Ta vie secrète quelque chose d'enfantin
Une récolte un fabuleux butin
Pour protéger de la rancœur inquiète
Pour protéger le cœur qui se reflète
Si bien caché dansant derrière le tain
Ta vie secrète

Maintenant

En Provence où je vis désormais dans tes yeux d'eau pure.

TOUS CES HIVERS

Tous ces hivers
Dans la cohue des instants perdus

Tous ces hivers
Et cette boue à nos souliers
Tous ces printemps dépareillés
À découvert

Tous ces étés armés d'automne
Et cette peine
À perdre haleine
Sur le chemin où tout m'étonne

Sans un faux pas
Suivre ton pas
Sur la portée même indocile
D'un rire en volutes graciles

Et toutes ces choses

Alors
Dressés bâillonnés
Pudiques
Un tour de piste

Et même à pas mesurés
Et même à pas de lune
Sur le tapis roulant du diable et du bon Dieu
J'avance

Et les applaudissements
Ne durent qu'un temps

Et ton amour ?

J'AI PEUR

J'ai peur
J'ai peur de tes retards j'ai peur
Que tu ne te réveilles pas

J'ai peur
Que tu m'oublies
J'ai peur
De t'oublier

J'attends ton premier sourire
Qui donne au jour nouveau

Sa raison d'être

UNE ILE

Si elle déserte notre ile
Je pourrais perdre le fil

Mais aucune arme
Aucune larme
N'empêche le cours du temps
Le cours des jours
Quelque chose d'important
Me guide toujours

Vers celle que j'aime

C'ÉTAIT UN JOUR

C'était un jour comme tous les jours
Un jour qui ne dit pas bonjour
Quittant son lit comme un délit
Un jour de réveil en colère
Un jour qu'aurait voulu la guerre
Un jour d'ennui qu'attend la nuit

C'était un jour des mauvais jours
Un jour qui ressemble à toujours
Un jour tout blanc qui fait semblant
Un jour qu'a rien à raconter
Où même les pas sont comptés
Un jour si lent un nonchalant

C'était un jour sans liberté
Avec un soleil endetté
Un jour sans trace sans carapace
Un jour de ces matins d'hiver
Avec une bouille à l'envers
Un jour qui lasse tant de godasses

C'était pourtant ce jour perdu
Ce jour que j'avais attendu
Un jour tout nu un inconnu
Qui rêve d'un jour d'un autre jour
De châteaux forts de contrejour
Le jour venu le jour où tu

Je m'en souviens de l'autre jour
Un jour à la vie à l'amour
Le jour où tu m'as dit
                              Bonjour

LES SAISONS

Par toi les saisons douces
Les frissons
Par toi les frissons tendres
Au-delà des saisons
À côté

Dans la grande lumière rousse
Où tu portes les saisons
Au bout de mes doigts

Sur ta peau légère
Sur tes habits défaits
Mélodie de fée
Les saisons bercées
À mes côtés

Ô ces vagues
À l'âme

Tes seins nus sous l'étoffe
Organdi taffetas
Ta
Bouche qui descend
Et cet air innocent

Et les vagues
Et la houle

TU VIENDRAS

Il y a cet endroit
Inédit
Où tout nous rassemble
Où je vis de tes yeux d'eau pure

Où tes sourires m'emportent
Librement
Dans le présent

Il y a le présent
D'un rêve qui t'appartient
Comment sais-tu
Son écho dans mon cœur ?

Il y a le murmure
La douce chaleur de vivre
Dans tes mains

J'ai sur mes lèvres des mots qui t'appartiennent

D'autres mots se bousculent
Dans leurs habits d'ivresse
Tu leur pardonneras

MAINTENANT

Peut-être le matin
Le soir
Peut-être
Midi ou minuit
C'est toujours l'aurore
À ton sourire

Les mots de l'imparfait
Ligotés dans leur coffre de misère et d'ennui
Comment les as-tu capturés ?

Encore nos corps noués
Longtemps
Dans la toile secrète
Où mes doigts pastel
Dessinent à mes baisers
Un port d'attache

Dans le lit défait du corsage de la nuit

Maintenant que vivre est un verbe conjugué

Dans cet endroit
Où tout nous rassemble

Pour les instants d'envol
Pour les instants volés

Qui de nous protège l'autre ?

Maintenant
Ne rien voler de tes rires
M'en nourrir pourtant

LÀ

Du noir pour le respect pour la pudeur du noir
Du bleu pour la lumière dans tes yeux
Du blues pour la tendresse

Ton sourire léger
Je serre mon corps qui vacille contre ton corps
Échange-moi en toi

Le ciel ressemble au ciel
Et je souris au ciel

Je suis prisonnier
Volontaire
Jaloux
Dans la douce chaleur de vivre

Tout dormait
Je t'attendais

C'est là que je veux vivre

Là au bord de rien dans l'univers
Là au bord de nos battements de cœur
Là infiniment bercés

Là où tout me porte
Là où personne ne regarde
Sur une ile dans le fond de mon cœur

Là où personne à part moi n'ose aborder
Là où personne à part toi ne peut aborder

Et nous protégeons tous les deux
Un amour vivant

NOMBRE D'OR

Et je chemine là dans ton ombre portée
Dans le pastel parfait des moires où tu m'inventes
Caressant tes reflets aux portes de l'été
Tes frissons tes parfums que mes doigts tremblés chantent

Ton corps est mon nombre d'or

Mes lèvres sur tes lèvres confondant leurs chaleurs
Je suis là sans arme nu vaincu étonné
Dans ton regard les bleus de mille et une couleurs
Aux courbes de tes seins mes gestes enchainés

Ton corps est mon nombre d'or

Les vagues de tes reins enivrent la marée
De tes rires à nos cris où je pénètre enfin
Comme au début du monde tendrement amarré
Sous la toison douce de ma soif et ma faim

Ton corps est mon nombre d'or

Sans orage revient l'arc-en-ciel du plaisir
Qui inonde ta joie Ô naitre encore pour toi
Et n'être que par toi un refrain du désir
Lové dans tes ombres je sais où est mon toit

Ton cœur est mon nombre d'or

TA PEAU

Tu portais des hauts sans défaut
Qui ne cachaient que les reflets
De ta peau
Tu portais les bas sans filet
D'une promesse rêvant tout haut

Moi j'avais des nuits inventées
Quelques souvenirs de printemps
Ou d'été
Tu portais des rires comme autant
D'échos d'un pays enchanté

J'ai posé mes mains sur la lune
Et sur les courbes élancées
Une à une
Caresses blanches pour danser
Dans la lumière d'or et de brune

Ta bouche cet air indécent
Tes seins nus sous les oripeaux
Innocents
Et la soie légère de ta peau
Et ton sourire évanescent

Tu avais des hauts sans débat
Qui balançaient entre mes doigts
Et laissaient voir de haut en bas
Certains des trésors d'ici-bas

DANS TES YEUX

Dans tes yeux le présent valse à court d'arguments
Dans tes yeux sans frontière les arbres et les rivières
Dans tes yeux des diamants l'espace et le moment
Dans tes yeux qui m'entourent atteindre la lisière
Funambule

Puisque donner c'est croire aux verbes silencieux
Puisque tout nous échappe et nous retient pourtant
Puisqu'un dieu délétère n'attend plus rien des cieux
Puisque les nuits d'hiver sont ivres de printemps

Dans tes yeux nos désirs l'approche d'un frisson
Qui écharpe le ciel entre nos mains ouvertes
Qui devient le berceau d'un chant à l'unisson
Qui murmure au soleil tes hanches découvertes
Funambule

Dans tes yeux mon regard réclame une prison
Puisque c'est vivre encore que de vivre à genoux
Et les vagues maintenant dansent une guérison
Et la houle vient de loin tendre aumône au jaloux

Et l'herbe qui s'affole décoiffée par nos gestes
Et la terre est si bleue à l'horizon sans chaine
Et ma soif sur ton corps boit l'ivresse et le reste
Et j'ai là sur mes lèvres des mots qui t'appartiennent
Funambule

Dans tes yeux je dérive au vertige de t'aimer
Puisque rien n'est pareil au désir camaïeu
Puisqu'il reste aux rebelles le rêve d'un calumet
Puisque c'est naitre encore que naitre dans tes yeux

Dans tes yeux le présent valse à court d'arguments

C'EST LE CAPRICE DE L'IDÉAL

C'est le caprice de l'idéal
Tes rêves pendus à mon cou
Tendre vertige dans mon journal
C'est le caprice de l'idéal
Les perles d'un désir si doux
Les caresses de l'amour fou
C'est le caprice de l'idéal
Tes rêves pendus à mon cou

Manuscrit sans bouteille

Handwritten without bottle
The bottle was empty and smelled bitter. [5]

---

[5] La bouteille était vide et sentait l'amer.

TAKE IT BACK

There she stands at the corner of a lie
Does she feel joy or sorrow?
For cheating I don't know
She says Hi!
But my love she takes it back

She loves drunken losers and bad boys
Looking for the red tide
Or something on her side
Making noise
But my love she takes it back

She said I love music and dance and she cried
But she only loves her shoes
Me I had a dream to lose
She says Hi!
And my love she takes it back

REPRENDS-LE

La voilà

Debout à l'angle d'un mensonge
A-t-elle de la joie ou du chagrin ?
Je ne sais pas
Elle dit bonjour !

Mais mon amour, elle le reprend

Elle aime les perdants tristes et les mauvais garçons
Elle voudrait la marée haute
Ou quelque chose qui fasse du bruit

Mais mon amour, elle le reprend

Elle disait j'aime la musique et la danse
Et elle pleurait
Mais elle n'aime que ses chaussures

Moi, j'avais un rêve à perdre
Elle dit bonjour !

Et mon amour, elle le reprend.

ONCE IN A BLUE MOON

You want to chase the clouds away
Before the end of the day
You end up believing it
Once in a blue moon

Would it be the right way?
Could it be the only way?
It's just a wondrous tale
Me I have nothing to tell

Once in a blue moon

What lends meaning to this life?
What gives purpose to the strife?
You search a reason to live
Life is the reason

You want to chase the clouds away
Without being thrown away
You end up believing it
Once in a blue moon

What gives a meaning to life?
You search a reason to live
Life is the reason

BLUE MOON

Tu veux chasser les nuages
Avant la fin de la journée

Tu finis par y croire
De temps en temps

N'y a-t-il qu'un seul chemin ?
Tu veux chasser les nuages
Sans être emporté

Tu finis par y croire
De temps en temps

Ce n'est qu'une fable, je n'ai rien à raconter

Qu'est-ce qui donne un sens à la vie ?
Tu veux chasser les nuages
Sans être emporté

Tu finis par y croire
De loin en loin

Tu cherches une raison de vivre

La vie est la raison

SINCE I LOVE YOU

Night is dancing
Looks like a quiet shadow
Night is nothing
That an open window
That a bed undone that a naked sun

Asleep in your sheets
Am I just a thief? A passing bird
Hand to hand heart to heart
I stole and kept
A word a dream a smile
Since I love you

Something of you
Between twilight and dawn
Out of the blue
Like a mystery grown like a dream catcher
Like nothing better

Asleep in your sheets
Am I just a thief? A passing bird
Hand to hand heart to heart
I stole and kept
A word a dream a smile
Since I love you

DEPUIS QUE JE T'AIME

La nuit danse
Comme une ombre tranquille

La nuit n'est rien
Qu'une fenêtre ouverte
Qu'un lit défait
Qu'un soleil nu
Depuis que je t'aime

Endormi dans tes draps suis-je un voleur ?
Main dans la main, cœur à cœur
Entre le crépuscule et l'aube

Comme un attrape-rêve et rien de mieux
Je t"ai volé un mot, un rêve, un sourire

Depuis que je t'aime

YOU'RE THE ONLY ONE

I know you're just a shooting star
But you're the only one I want close to me

I'm gonna love you forever
Until the last dream of mine
As long as the sun will shine

All I want is that fire
I have seen in your eyes
Beside the seventh heaven

I wanna love you forever
I wanna live on cloud nine
I know that all will be fine

I know you're just a shooting star
But you're the only one I want close to me

All I want is that light
I have never seen before
I'll never doubt anymore

I know you're just a shooting star
But you're the only one
I want close to me

You're the only one I want close to me…

TU ES LA SEULE

Je sais que tu n'es qu'une étoile filante
Mais tu es la seule

Jusqu'au dernier de mes rêves
Le septième ciel
Je sais que tout ira bien

Je sais que tu n'es qu'une étoile filante
Mais tu es la seule

Jusqu'au dernier de mes rêves
Le septième ciel
Je sais que tout ira bien

SHA NA NA

When I was a guitar hero
Last night in a rock'n'roll dream
Everyone looked at me
With smitten eyes

They're all shook up full of thrill
Looking at my golden rings
Sha Na Na Na
Sha Na Na oh hoo oh

When I was a guitar hero
Last night in a rock'n'roll dream
Everyone looked at me
With smitten eyes

They fell in love with the singer
I can feel their beating hearts
Sha Na Na Na
Sha Na Na oh hoo oh

Now I'm awake as you can see
Taking the garbage down
Everyone laughs at me
Forgetting me won't take long

Sha Na Na Na Na

ROCK'N'ROLL

Quand j'étais un guitare héros
La nuit dernière dans un rêve rock'n'roll

Tout le monde me regardait
Captivés excités
En regardant mes bagues dorées

Sha Na Na Na
Sha Na Na oh hoo oh

Et puis ils sont tombés amoureux du chanteur
Je peux sentir leurs cœurs battre

Sha Na Na Na
Sha Na Na oh hoo oh

Maintenant je suis réveillé comme tu peux voir
Je descends les poubelles
Tout le monde se moque de moi

Et tu vas m'oublier.

Sha Na Na Na

TRAVEL

I've traveled in the wind to the train station
I've wandered away with no destination
Through time randomly stolen
Among woods where leaves had fallen

I've seen the world it was leaning
Does anyone care for the meaning?
All Busy with learning to fly
They don't notice time passing by

I don't know where I'm headed
Is it too early or too late?
As for the truth, I never met it

And I lost my password following a bluebird
In a hole of the night
No sentence no light
Around the clock

Everyone seeks the sense of freedom
And the 'Keymaster' of wisdom
Anyway, war always begins
Between hope and something to win

Sooner or later
The truth, I've never met

VOYAGE

Je me suis égaré à travers le temps volé au hasard
Dans les bois les feuilles étaient tombées
J'ai vu le monde, il penchait

On ne remarque pas le temps qui passe
Quant à la vérité, je ne l'ai jamais croisée

J'ai perdu mon mot de passe en suivant un oiseau bleu
Dans l'abime d'une nuit

Pas de mots, pas de lumière de minuit à midi
La guerre commence toujours

Et la vérité, je ne l'ai jamais rencontrée

CALL ON ME

There is a shade between you and us
I forgot the day
I lost hours I skip my turn

I dreamt for a long time
I was on my island
Though I dreamt

Call on me
Call me back

There is no buts
I know you forgive
Write (to) me please
Otherwise you leave me

No, I didn't smoke
No need to smile
The spark lit it's a burst of laughter

I've been naughty
But I'm waiting (for) your message

Call on me
Call me back

APPELLE-MOI

Il y a cette ombre entre toi et nous
J'oublie le jour
Je perds mon temps
Je passe mon tour

J'ai rêvé longtemps sur mon ile
Si j'ai rêvé
Il n'y a pas de mais je sais que tu pardonnes

Écris-moi
Je n'ai pas été sage mais j'attends ton message

Appelle-moi
Rappelle-moi.

CROSSROADS

Play me that damn blues
This melancholy without fail
Awesome gambling from here and there
That sucker-like refrain insane
I want to leave at high tide
Don't want to drown in a glass of water
Play me that damn blues One more time
Play that freaking blues Play that freaking blues Again

Play me that damn blues
When the past plays hard tricks on us
Memories of his eyes painful stuff
I know the night won't be jealous
All is fair it's just a love alert
Mind looking for devil or God
Play me that damn blues One more time
Play that freaking blues Play that freaking blues Again

Play me that damn blues
Born at the crossroads of despair
Between Memphis and paradise
For the measure I sure need twelve
And the last drink at the counter
Will have the dare of repentance
Play me that damn blues One more time
Play me that damn blues

Then we'll go for a walk
Dawn and me.

BLUES

Rejoue-moi ce satané blues
Cette mélancolie sans fautes
Qui vient de là-bas ou là-haut
Ce refrain du genre ventouse
Je veux partir à marée haute
J'veux pas m'noyer dans un verre d'eau

Rejoue-moi ce fichu blues
Rejoue-moi ce fichu blues

Rejoue-moi ce satané blues
Quand le passé nous joue des tours
De ses trucs qui font mal aux yeux
La nuit ne sera pas jalouse
C'n'est rien qu'une alerte à l'amour
Qui parle du diable ou du Bon Dieu

Rejoue-moi ce satané blues
Né au croisement du désespoir
Entre Memphis et le paradis
Pour la mesure il m'en faut douze
Et le dernier verre au comptoir
Aura l'audace du repenti

Rejoue-moi ce fichu blues
Rejoue-moi ce fichu blues
Rejoue-moi ce satané blues

Après on ira faire un tour
Le crépuscule de l'aube et moi

THE ONE I LOVE

Lam la la la la…
The sunshine is sliding along your skin

Everything was sleeping
I shall follow the sun
Even though I have to run
Till you'll be in my arms
You are the one I love
The sunshine is sliding along your skin

Always close to my heart
I've been waiting for you
You came out of the blue
On the wings of my dreams
You are the one I love
The sunshine is sliding along your skin

What would the sun do without you? What would I do?
I will wait from dusk to dawn
Here and there
Passing bird
I know where is my love

CELLE QUE J'AIME

Un rayon de soleil caresse ta peau

Même si tout dort encore
Je suivrai le soleil
Et même si je dois courir
Me lover sur ton corps
Tu es celle que j'aime
Un rayon de soleil caresse ta peau

Tu es née dans mon cœur
J'attendais le soleil
Apparu tout à coup
Sur les ailes de mon rêve
Tu es celle que j'aime
Un rayon de soleil caresse ta peau

Que ferait le soleil sans toi ? que ferais-je ?
J'attendrai du soir à l'aube
Ici et là
Passereau
J'irai vers celle que j'aime

Remerciements :

Merci

Sommaire :